En la nieve

por Penny Lee Forest

Harcourt
SCHOOL PUBLISHERS

Cover ©Photolibrary.com; 2 ©Photolibrary.com; 3 ©Telescope; 4 ©Australian Picture Library; 5 ©The British Library; 6 ©Photolibrary.com; 7 ©Getty Images; 8 ©Panos.

Printed in China

ISBN 10: 0-15-370106-4
ISBN 13: 978-0-15-370106-1

Ordering Options:
ISBN 10: 0-15-368579-4 (ON-LEVEL Collection, Grade 1)
ISBN 13: 978-0-15-368579-8 (ON-LEVEL Collection, Grade 1)
ISBN 10: 0-15-371655-X (package of 5)
ISBN 13: 978-0-15-371655-3 (package of 5)

1 2 3 4 5 6 7 8 9 10   468   16 15 14 13 12 11 10 09 08

En este lugar hay mucha nieve. Siempre hace frío, como en pleno invierno. La gente usa ropa abrigada.

En el pasado se hacían casas de nieve y hielo. El hielo no dejaba pasar el frío. Y tampoco dejaba salir el calor.

Los pescadores hacían
agujeros en el hielo. Luego,
echaban la caña y esperaban.
¡Tarde o temprano sacarían
algún pez!

Para ir de viaje, se usaban
vehículos tirados por perros.
Así se podía viajar sobre la
nieve... ¡a toda prisa!

En el presente, las casas también protegen a la gente del frío. Pero ya no son de hielo.

Tal como antes, a las
personas les gusta pescar.
Algunas lo hacen igual que en
el pasado.

Hoy, viajar en la nieve es una tarea más liviana. ¡Es divertido vivir en el lugar más frío del planeta!